Найди точно такой же зонтик, как в рамочке.

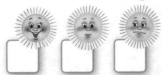

Ребёнок должен самостоятельно и быстро найти нужный предмет.

Попробуй отыскать на страничке фигурки, которые нарисованы в рамочке.

Малыш должен найти на страничке такие же фигурки, как в рамочке.

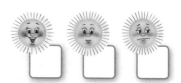

Покажи в таблице те предметы,
которые изображены внизу странички.

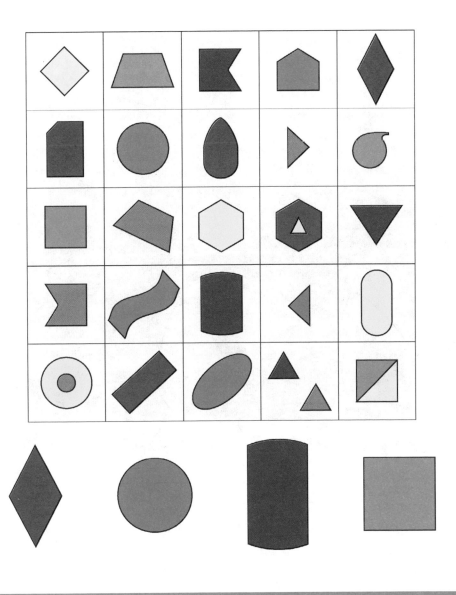

Ребёнок должен самостоятельно найти и показать в таблице те предметы, которые изображены внизу странички.

Сосчитай всех бабочек на картинке.

Малыш должен найти восемь бабочек.

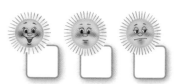

Кто спрятался в лесу? Найди всех животных.

Ребёнок должен быстро найти и назвать
на картинке всех зверей.

7

Покажи на рисунке фрагменты изображения.

Малыш должен быстро найти и показать
на картинке фрагменты изображения.

Найди трёх близнецов.

Ребёнок должен найти три одинаковых рисунка.

Найди и прочитай в табличках такие же слова.

Л	О	К	П	Т	Л	У	А	П	С
С	Т	У	С	А	Д	Т	Л	П	Ш
А	Ш	А	П	У	Т	П	К	Ш	А
У	К	У	Л	С	Т	П	О	С	П
С	О	С	Л	У	Л	И	С	А	В
К	Т	К	Ш	О	А	С	Т	В	Т
Т	Т	О	Б	У	П	Т	Л	С	П
О	Г	Д	Е	В	А	З	А	У	Т
В	С	Л	Р	Т	О	У	С	К	Л
Л	П	Т	В	О	С	У	Т	П	Ы

САД

КОТ

ЛИСА

ВАЗА

СОК   ЛУК

КИТ

МАК   ЮЛА

СЛОН

О	П	Р	Т	В	С	Л	О
П	К	С	О	К	Ш	Т	С
О	К	Л	В	У	С	О	Ш
Б	Л	Ш	Ю	К	К	И	Т
У	У	Р	Л	П	В	У	С
Ш	К	В	А	П	Т	О	М
А	О	С	А	У	О	С	А
У	С	Л	О	Н	Т	Л	К

Малыш должен найти в табличках все слова.

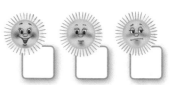

Внимательно рассмотри рисунки
и найди отличия между ними.

Ребёнок должен найти не менее пяти-шести
отличий в каждой паре картинок.

Кто куда едет? Проследи глазками (без помощи рук) по порядку все дорожки. Затем раскрась их разными цветами.

Ребёнок должен «пройти» по дорожкам взглядом, а не пальчиком, и определить путь каждого сказочного персонажа.

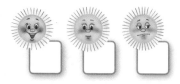

На каждой картинке дорисуй то, что забыл изобразить художник.

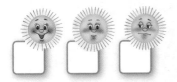

Малыш должен самостоятельно найти и устранить все недостатки в рисунках (дорисовать тень от фигуры девочки, пересыпающийся песок в песочных часах, дужку на очках, хвост у лошадки, лапку у жучка, следы мальчика и исправить цифру на карте).

Найди 10–12 отличий между двумя картинками.

Малыш должен сравнить рисунки и самостоятельно найти десять–двенадцать отличий.

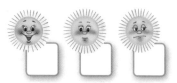

Запомни рисунки на страничке.
Закрой книжку и назови все предметы.

На изучение картинок ребёнку отводится около 15—20 секунд. Затем, закрыв книжку, он должен назвать не менее семи-восьми предметов.

Постарайся запомнить все нарисованные предметы. Закрой книжку и назови картинки по памяти.

Хорошо, если малыш самостоятельно назовёт с первого раза не менее семи-восьми предметов.

Найди и обведи знакомые тебе рисунки.
Что изменилось в табличке?

Перед тем как выполнять задание, необходимо закрыть листом бумаги предыдущую страницу. Ребёнок должен найти новые предметы в таблице.

Какие новые предметы появились на страничке по сравнению с предыдущей?

Малыш должен самостоятельно найти все предметы, которые появились вновь. Ребёнок может проверить себя, перевернув назад страничку.

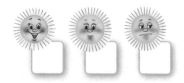

Запомни, какого цвета каждый предмет.
Закрой верхнюю часть страницы
и раскрась картинки по памяти.

Ребёнок должен запомнить цвета всех
предметов и правильно раскрасить картинки внизу.

19

Запомни пары картинок. Закрой левую часть странички и постарайся назвать в каждой паре недостающий предмет.

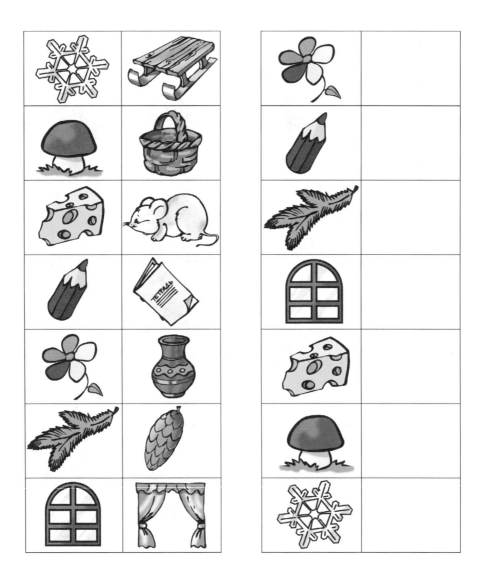

Малыш должен вспомнить не менее пяти-шести предметов. По желанию ребёнок может нарисовать отсутствующие картинки.

Запомни все буквы и предметы, на которых они написаны. Затем закрой верхнюю часть странички и скажи, где должна стоять каждая буква.

Хорошо, если ребёнок самостоятельно вспомнит и назовёт место каждой буквы.

Запомни и назови поочерёдно ряды цифр.

4 5 8

7 9 3 1

6 2 8 5 4

9 3 6 2 1 5

Хорошо, если малыш сможет запомнить все цифры в каждом ряду и назвать их.

Внимательно рассмотри верхний рисунок. Затем закрой его листом бумаги. Что изменилось на картинке внизу?

Ребёнок должен самостоятельно найти все изменения на нижнем рисунке.

Постарайся запомнить, что изображено на страничке. Закрой рисунок листом бумаги и ответь на вопросы.

Что у мальчика в руках? Какие игрушки стоят на полке? Что висит на стене? Кто сидит на лошадке? Какого цвета рубашка на мальчике? Стоял ли на полке слон? Был ли на полу ковёр?

Малыш должен самостоятельно ответить на все вопросы правильно.

Что перепутал художник?
А сможешь ли ты придумать подобные картинки?

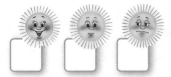

Ребёнок должен самостоятельно заметить на картинках всё, что не соответствует действительности.

Из предметов нижнего ряда выбери тот, который нужно поставить вместо знака вопроса. Объясни свой выбор.

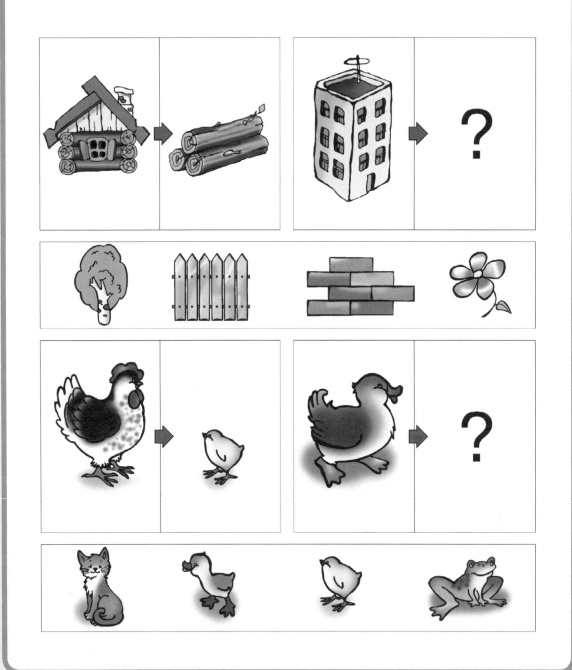

Малыш должен не только найти нужную картинку, но и уметь объяснить, почему именно этот предмет он выбрал.

Подбери заплатку к каждому коврику,
не нарушая узор.

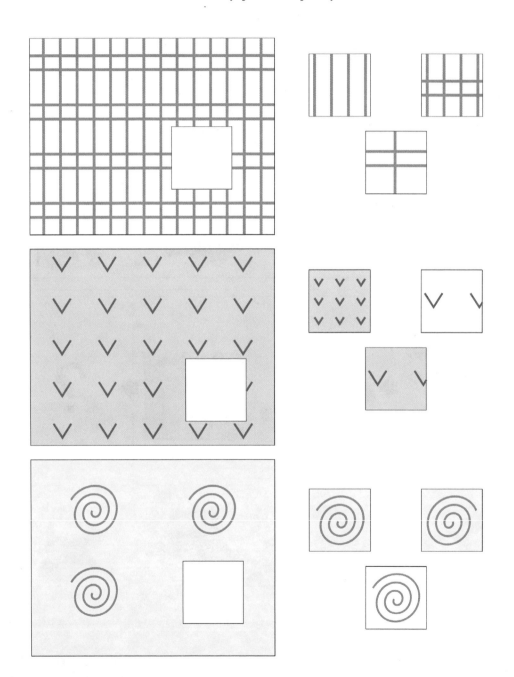

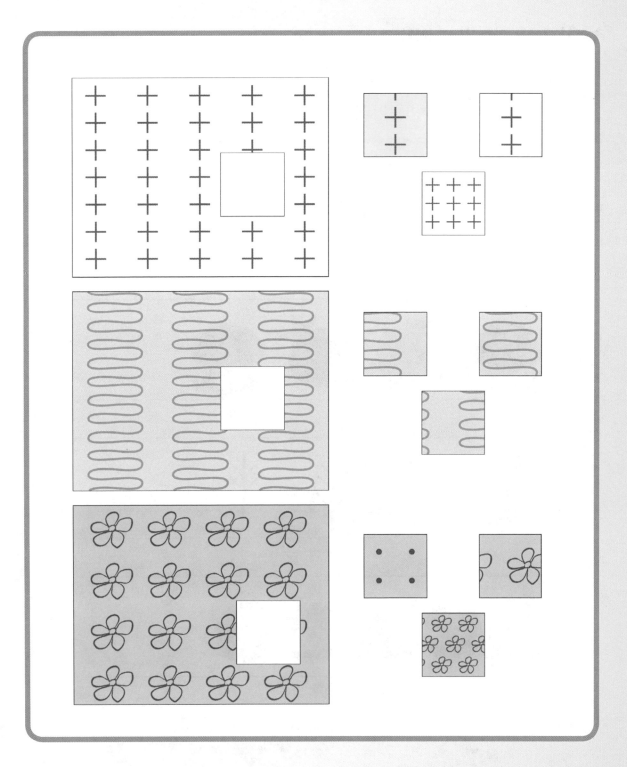

Ребёнок должен правильно подобрать заплатки ко всем коврикам и объяснить свой выбор.

Дорисуй в каждом ряду фигуры, соблюдая определённую последовательность.

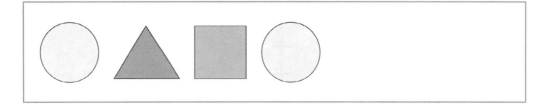

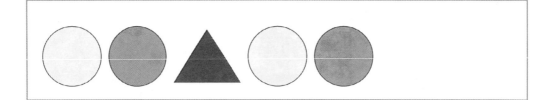

Малыш должен понять закономерность изображения фигур в каждом ряду.

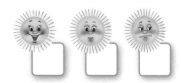

Какую из трёх предложенных фигур нужно поставить вместо знака вопроса? Объясни почему.

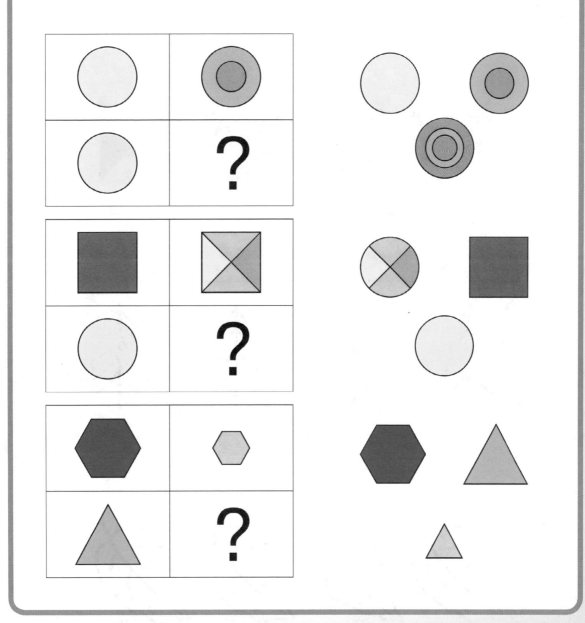

Ребёнок должен найти закономерность в расположении фигур и объяснить свой выбор.

31

Найди в каждом ряду «лишнюю» фигуру.
Объясни свой выбор.

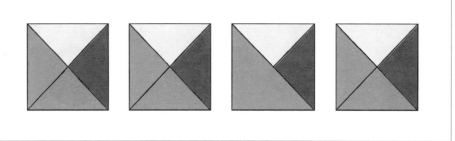

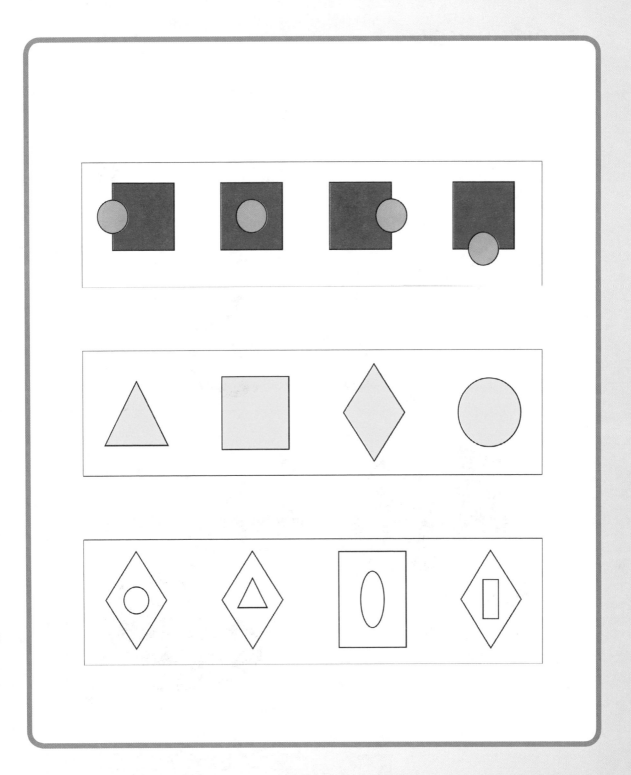

Малыш должен найти в каждом ряду «лишнюю» фигуру и объяснить, почему она не подходит к остальным.

Какой предмет «лишний»? Почему?

Ребёнок должен самостоятельно найти в каждой группе «лишний» предмет и объяснить свой выбор.

В каждом ряду найди «лишний» предмет. Назови одним словом все остальные предметы.

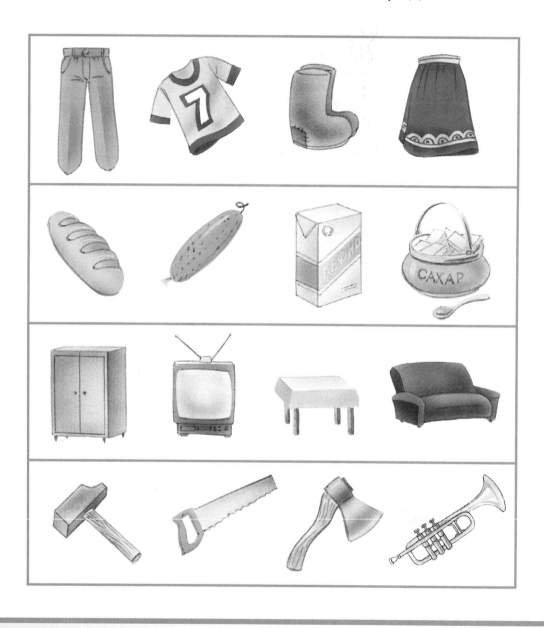

Малыш должен найти в каждом ряду «лишний» предмет и обобщить остальные предметы, например: одежда, продукты, мебель, рабочие инструменты.

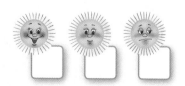

Раздели предметы на три группы.
Что между ними общего и чем они отличаются?

Ребёнок должен уметь различать наземный, водный и воздушный транспорт.

Рассмотри внимательно картинки и скажи,
что было сначала, а что потом.

Малыш должен самостоятельно определить
правильную последовательность событий.

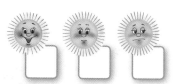

Послушай задачки и ответь на вопросы.

Саша и Коля играли игрушками. Один из мальчиков складывал кубики, другой – катал машинку. Саша кубиками не играл. Чем играл Саша, а чем играл Коля?

Лена и Валя рисовали. Одна девочка пользовалась красками, другая – карандашами. Лена карандашами не рисовала. Чем рисовала Лена, а чем рисовала Валя?

Ребёнок должен уметь решать такие логические задачи без помощи взрослого.

● Скажи, чем похожи и чем отличаются эти предметы друг от друга: озеро и река; муха и бабочка; девочка и кукла; солнце и луна; белка и кошка; ель и берёза.

● Продолжи ряд слов:
десять, двадцать, тридцать...
январь, февраль, март...
понедельник, вторник, среда...
утро, день, вечер...

● Выбери знак и поставь его в конце каждого предложения.

С днём рождения ☐   **?**

Коля пил сок ☐   **!**

Сколько тебе лет ☐   **.**

● Реши задачки.

Утром в нашей семье мама просыпается и встаёт после папы. Папа встаёт после собаки Тузика, а Лена просыпается после мамы. Кто встаёт первым, кто – вторым, а кто – третьим?

Бабочка села не на цветок и не на листок. Стрекоза села не на грибок и не на цветок. Куда сели бабочка и стрекоза, а куда – божья коровка?

Если цапля стоит на одной ноге, то она весит десять килограммов. Сколько будет весить цапля, стоящая на двух ногах?

Ты да я да мы с тобой. Сколько нас всего?

Малыш должен самостоятельно выполнить все задания.

Что может получиться из этих рисунков?

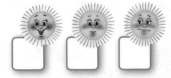

Ребёнок должен придумать несколько примеров на каждый случай, по желанию он может дорисовать картинки.

Придумай сказки, чтобы в них присутствовали эти герои и предметы.

Малыш должен самостоятельно уметь придумывать сказочные истории.

Как ты думаешь, какое настроение у этих ребят? Как они выражают свои эмоции? (Что делают?) Придумай про каждого из них историю.

Ребёнок должен уметь распознавать и называть человеческие эмоции и настроение (удивление, радость, страх, обида, злость и т. д.), придумывать различные истории про людей и отражать в них своё отношение к происходящему, давать правильную оценку поступкам главных героев и событиям.

Сможешь ли ты с помощью цветных карандашей дорисовать картинки и превратить эти фигуры в доброго и злого волшебников?

В этом задании оцениваются не качество рисунков, а их оригинальность, идеи ребёнка, умение подчеркнуть характерные отличия в образах волшебников. Это можно сделать, изменив им форму губ и бровей; добавив череп или звёздочку на волшебной палочке; раскрасив одежду.

Как называются эти геометрические фигуры?
Сосчитай, сколько нарисовано на страничке

□ ○ ⬭ ▭ и △ .

Ребёнок должен назвать все геометрические фигуры, нарисованные на страничке.

На какие предметы похожи
эти геометрические фигуры?

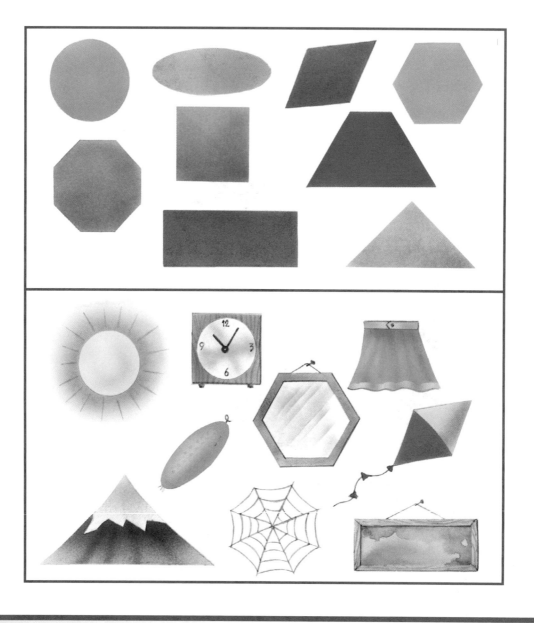

Малыш должен знать геометрические фигуры (круг, овал, треугольник, квадрат, прямоугольник, ромб, трапеция, различные многоугольники: шестиугольник, восьмиугольник и т. д.) и уметь находить похожие на них предметы на рисунках и в окружающей обстановке.

Какие геометрические фигуры были использованы в этом рисунке? Найди и зачеркни их на страничке.

Как называются эти геометрические тела? Назови предметы, которые на них похожи.

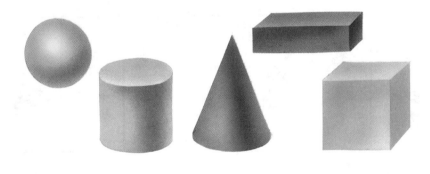

Ребёнок должен уметь выделять в предметах детали, находить знакомые геометрические фигуры на рисунке и знать названия геометрических тел: куб, шар, цилиндр, конус и параллелепипед.

Подбери к каждой картинке подходящую цифру.

  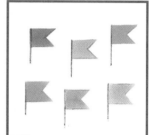

Сколько всего предметов? На котором по счёту месте стул? Какой предмет шестой по счёту?

Малыш должен уметь соотносить цифру с количеством предметов; различать количественный и порядковый счёт, правильно отвечать на вопросы: «сколько?», «на котором по счёту месте?».

Измерь линейкой длину каждой ленточки.
Какая из них самая длинная,
а какая – самая короткая?

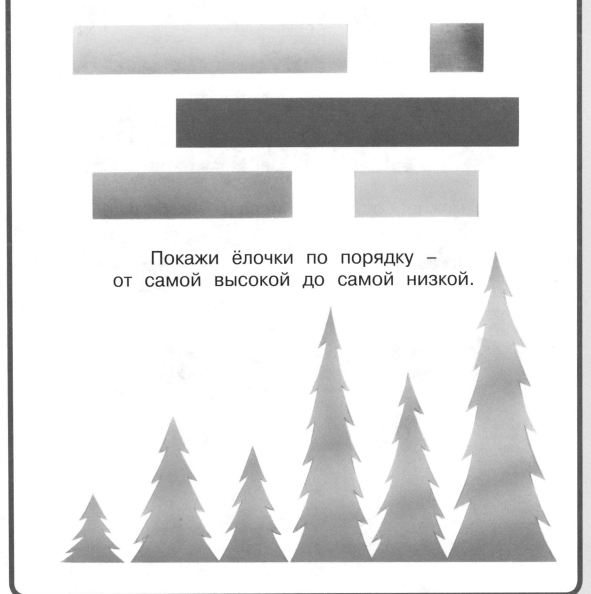

Покажи ёлочки по порядку –
от самой высокой до самой низкой.

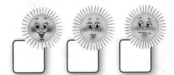

Ребёнок должен уметь пользоваться линейкой при измерении, раскладывать предметы по порядку – от самого большого до самого маленького.

Какие цифры пропущены в каждой рамке?

| 1 | 2 | | 4 | 5 | | 7 | | 9 | 10 |

| | 2 | | 4 | | 6 | 7 | 8 | | 10 |

Как можно составить числа 5, 3, 6, 8, 10?

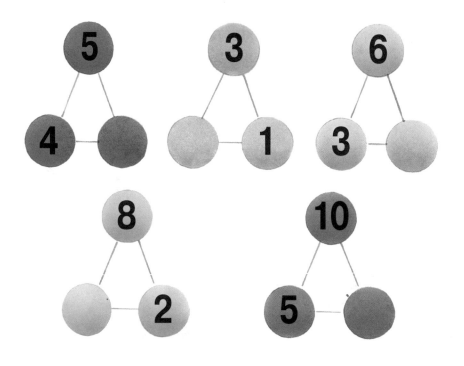

Малыш должен уметь считать от одного до десяти в прямом и обратном порядке; называть предыдущее и последующее числа; писать цифры 0, 1, 2, 3, 4, 5, 6, 7, 8, 9; а также знать, как раскладываются числа в пределах десяти.

Реши примеры и подбери к ним ответы.

7 + 3 =   4 − 2 =   4 + 5 =

6 + 1 =   5 + 3 =   9 − 6 =

8 − 4 =   1 + 4 =   5 − 4 =

Ребёнок должен уметь решать простые примеры на сложение и вычитание.

Сколько берёзовых листочков? Сколько кленовых? Каких больше? Что нужно сделать, чтобы их стало поровну (по пять, а по шесть)?

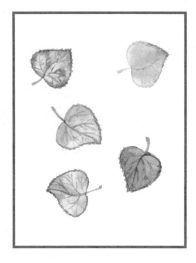 

Что можно сказать о количестве карандашей?

Малыш должен уметь сравнивать количество предметов, пользоваться в речи словами «больше», «меньше», «поровну»; из неравенства делать равенство.

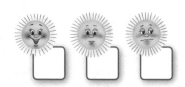

Сколько предметов нужно дорисовать в каждой рамке, чтобы решение было правильным? Какие знаки и цифры нужно поставить в таблице?

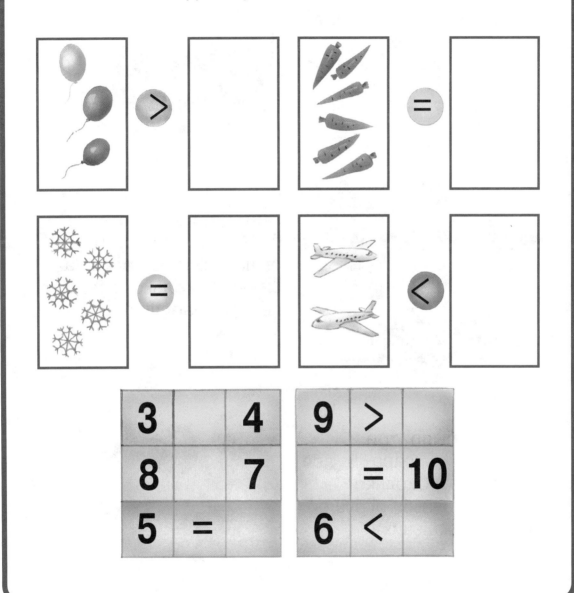

Ребёнок должен уметь сравнивать количество предметов и числа, правильно использовать математические знаки и определять отношения «меньше», «больше» и «равно».

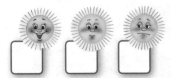

Реши задачи на сложение.

В тарелке лежали две
ягоды клубники
и четыре ягоды вишни.
Сколько всего ягод
в тарелке?

Над цветами летали
бабочки. Три из них
были жёлтые, а одна –
синяя. Сколько всего
летало бабочек?

У Коли было три
новогодних шара и два
фонарика. Сколько
всего ёлочных игрушек
было у мальчика?

Малыш должен решать простые задачи на
сложение в одно действие и уметь самостоятельно их составлять.

Реши задачи на вычитание.

Дети слепили четырёх снеговиков. Один из них растаял. Сколько снеговиков осталось?

У Оли было семь конфет. Две из них она съела. Сколько конфет у неё осталось?

На столе стояли шесть чашек. Две из них разбились. Сколько осталось целых чашек?

Ребёнок должен решать простые задачи на вычитание в одно действие и уметь самостоятельно их составлять.

Что нарисовано справа от домика, а что – слева? Какой мячик справа от жёлтого мячика, а какой – слева? Какое насекомое справа от бабочки, а какое – слева?

Малыш должен уметь определять местоположение предмета по отношению к другому предмету и по отношению к себе; ориентироваться на листе бумаги и в окружающей обстановке.

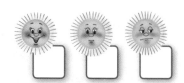

Что нарисовано в правом верхнем и в правом нижнем углах листа? А что в левом верхнем, в левом нижнем углах и в середине листа?

Правильно нарисуй точки: ● – внутри □ и △, но вне ○; ● – внутри □ и ○, но вне △; ● – внутри △, но вне ○ и □; ● – внутри ○, △ и □; ● – внутри □, но вне □, ○ и △; ● – вне △, ○, □ и □; ● – в □, но между □ и △.

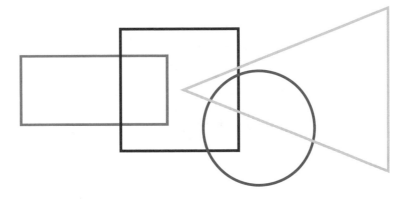

Ребёнок должен уметь ориентироваться на листе бумаги и в окружающей обстановке.

Слушай внимательно и рисуй под диктовку, не отрывая карандаш от бумаги. *От красной точки:*
2 клеточки вниз, 2 – вправо, 1 – вниз,
1 – вправо, 1 – вниз, 1 – влево, 1 – вниз,
2 – вправо, 2 – вверх, 3 – вправо, 1 – вниз,
1 – влево, 1 – вниз, 2 – вправо, 5 – вверх,
1 – влево, 1 – вниз, 4 – влево, 2 – вверх,
1 – влево, 1 – вниз, 2 – влево.

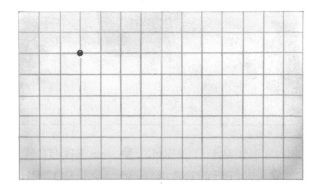

Теперь нарисуй всё то же самое,
только справа налево.

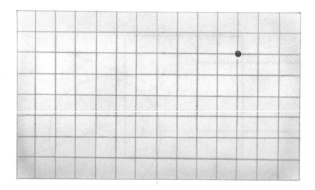

Задание называется «Графический диктант». Текст к нему читает взрослый. Если малыш будет правильно следовать инструкции, то у него получится собачка. Затем рисунок следует повторить справа налево. Ребёнок должен уметь хорошо ориентироваться на листе бумаги и достаточно быстро выполнять команды.

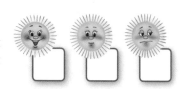

Покажи все числа от 11 до 20
в порядке возрастания и убывания.

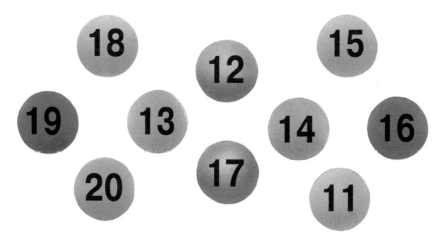

Какие числа пропущены?

| 11 | | 13 | 14 | | 16 | | 18 | | 20 |

Какие числа больше, какие меньше,
а какие одинаковые? Правильно
расставь математические знаки.

19 ⬤ 14   16 ⬤ 16   20 ⬤ 10

12 ⬤ 13   15 ⬤ 11   19 ⬤ 11

Ребёнок должен ориентироваться в счёте в пределах второго десятка (понимать отношения между числами).

Реши весёлые задачки.

- Сколько ушей у трёх мышей?
  Сколько концов у двух палок?

- На столе горели четыре свечи.
  Одну из них погасили.
  Сколько свечей осталось на столе?

- Сколько бананов?

- Посчитай двойками до двадцати.

- У какой геометрической фигуры нет ни начала,
  ни конца?

- Тройка лошадей пробежала два километра.
  Сколько пробежала каждая лошадь?

- Пять ворон на крышу сели,
  Две ещё к ним прилетели.
  Отвечайте быстро, смело:
  Сколько всех их прилетело?

- Назови число, большее 6, но меньшее 8.

- Назови число, состоящее
  из 2 и 7. (9)

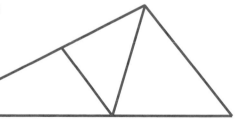

- Найди и покажи
  на рисунке пять
  треугольников.

Ребёнок должен правильно выполнить все
задания и ответить на вопросы.

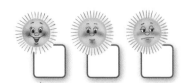

Назови предметы правильно в единственном и множественном числе. (Например: книга – книги.)

Малыш должен правильно ставить существительные в форму единственного и множественного числа (стул – стулья, дерево – деревья, человек – люди, торт – торты, ключ – ключи).

Назови все нарисованные предметы.

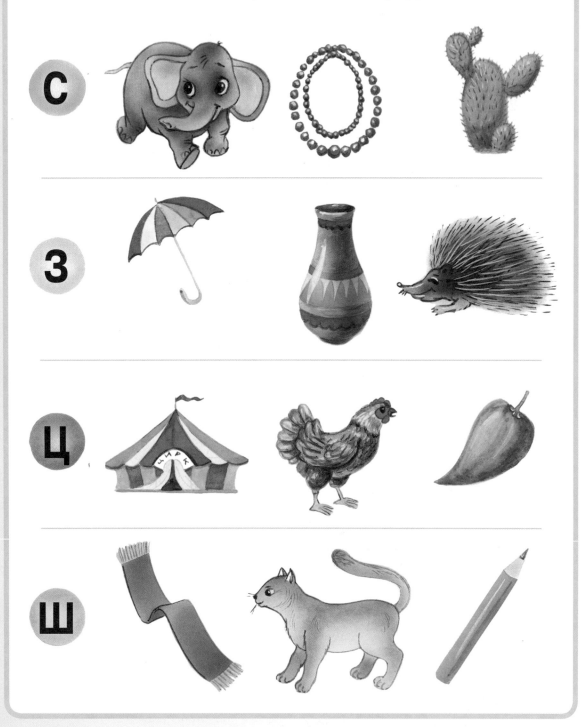

Ребёнок должен правильно произносить все эти звуки в начале, в середине и в конце слова.

Образуй слова-определения по образцу.
(Например: дом из кирпича – кирпичный.)

Малыш должен уметь образовывать и правильно использовать в речи имена прилагательные, обозначающие материалы, из которых сделаны предметы (кирпичный, деревянный, стеклянный, шерстяной, резиновый, золотой).

Отгадай загадки и найди рисунки-отгадки.

У него – два колеса
И седло на раме,
Две педали есть внизу,
Крутят их ногами.

Чему, скажите, каждый день
По волосам ходить не лень?
И что, ответьте на вопрос,
Всего нужнее для волос?

Как только отправляется
Она зимой гулять,
Жильцы в дома вселяются,
И в каждый – целых пять!

Засмейтесь – и в ответ оно засмеётся тоже.

Ребёнок должен уметь отгадывать загадки.

Внимательно рассмотри рисунок
и ответь на вопросы.

На какой праздник пришли дети?
Чем они заняты? Какое угощение приготовила
мама? Как зовут каждого из детей?

Ребёнок должен уметь давать развёрнутые
ответы на вопросы по содержанию сюжетной картинки.

Составь рассказ по картинке.

Малыш должен уметь составлять небольшой рассказ по сюжетной картинке (не менее шести-семи предложений).

Что изображено на этих рисунках?
Попробуй составить по ним связный рассказ.

Ребёнок должен уметь составлять связный
рассказ по серии сюжетных картинок.

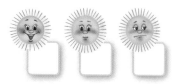

Послушай рассказы. Повтори их близко к тексту.

ПРОГУЛКА

Дети вышли на прогулку во двор. Две девочки играют с куклой. Мальчики из кубиков строят домик. Кукла будет жить в домике. Малышам очень весело.

ОСЕНЬЮ

Вот и наступила золотая осень. Не слышно птичьих песен. Днём и ночью льёт дождик. С деревьев облетают листья.

Ребёнок должен уметь подробно пересказывать небольшие тексты.

Послушай рассказ и постарайся его запомнить. Ответь на вопросы.

ГРИБЫ

Наступила осенняя пора. Ранним утром много грибников в лесу. «Ау! Ау!» – раздаётся со всех сторон. Но грибные места не простые. Идут многие грибники мимо, а грибов не видят.

Долго бродили дети по лесу. Пора и назад – по домам.

Заглянула мама к Егорке в корзинку. Ну и ну, горе-грибник!

В какое время года собирают в лесу грибы?
Какие грибы ты знаешь?
Какие грибы собрал Егорка?

Малыш должен уметь пересказывать небольшие тексты и отвечать на вопросы по их содержанию.

Выучи и расскажи стихотворение.

ПРИГЛАШЕНИЕ В ШКОЛУ

Дети! В школу собирайтесь –
Петушок пропел давно!
Попроворней одевайтесь –
Смотрит солнышко в окно!
Человек, и зверь, и пташка –
Все берутся за дела;
С ношей тащится букашка,
За медком летит пчела.
Ясно поле, весел луг,
Лес проснулся и шумит,
Дятел носом тук да тук!
Звонко иволга кричит.
Рыбаки уж тянут сети,
Бог лениться не велит!

(Л. Модзалевский)

Ребёнок должен уметь запоминать и выразительно рассказывать небольшие стихотворения.

Попробуй быстро и правильно
произнести скороговорки.

Еле-еле Елизар
Едет-едет на базар,
А с базара, а с базара
Не догонишь Елизара.

У Ивашки рубашка,
У рубашки кармашки.

Дятел на дубу сидит
И в дубу дупло долбит.

Малыш должен уметь быстро и правильно
произносить скороговорки.

Прочитай слова и найди к ним подходящие картинки. Правильно назови все буквы и звуки.

КИТ	ЛЕН-ТА	У-ЛИТ-КА	ДОМ
РУЧ-КА	КА-ЧЕ-ЛИ	ЧА-СЫ	МЫ-ЛО
КОР-ЗИ-НА	РО-ЗА	ПЕ-ТУХ	ПО-ПУ-ГАЙ

Ребёнок должен уметь читать и понимать смысл прочитанного; знать правильные названия букв русского алфавита; отличать букву от звука: например, буква **К** («ка») даёт звук [к] или [к'].

Составь из букв слова и подбери к ним картинки.

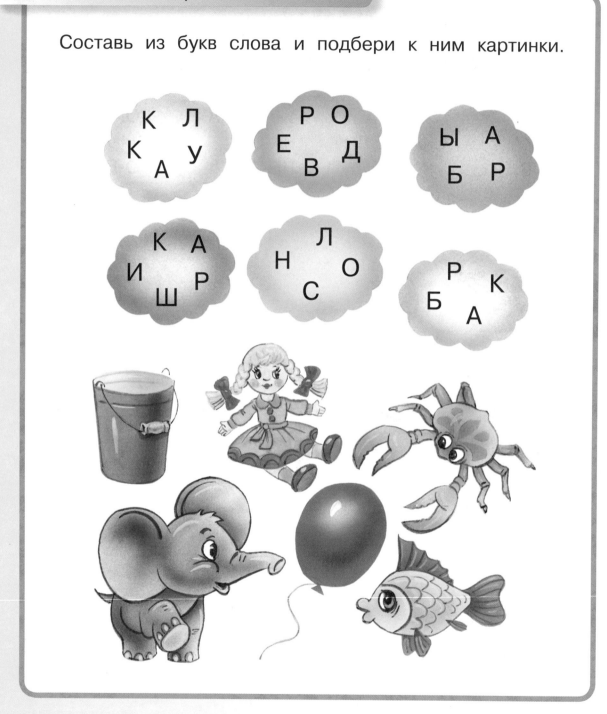

Малыш должен уметь составлять из букв простые слова и соотносить их с подходящей картинкой.

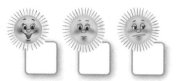

Прочитай слова. Сосчитай, сколько в них букв, а сколько звуков. Обведи красным карандашом только те буквы, которые обозначают гласные звуки.

ЛИМОН

ПЕНЬ

КЛОУН

КОЛЬЦО

ПИЛА

ПИСЬМО

ВЕТКА

ЛУК

Ребёнок должен уметь определять количество букв и звуков в слове (помнить о том, что буквы ь и ъ звуков не обозначают), а также отличать буквы гласных и согласных звуков.

Прочитай слова по первым буквам названий картинок. Найди в рамках внизу странички подходящие к ним предметы.

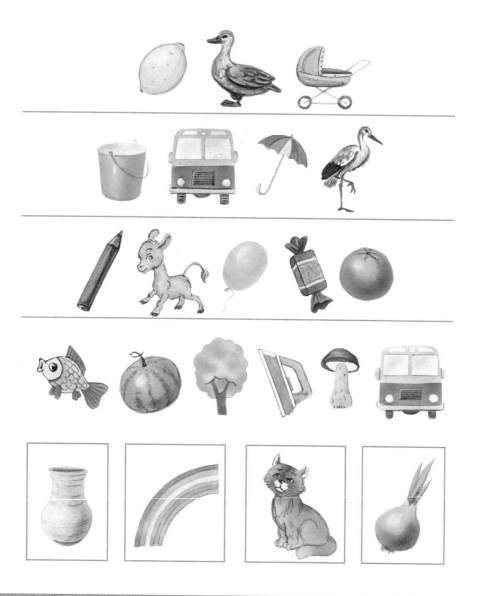

Малыш должен уметь выделять первые буквы в словах-картинках и складывать из них новые слова.

Произнеси названия предметов. Какие из них начинаются на твёрдые звуки, а какие – на мягкие?

Ребёнок должен уметь определять мягкость и твёрдость согласных. Хорошо, если малыш знает, что буквы **я, е, ё, ю, и**, а также **ь** делают согласные мягкими, когда стоят после них.

Прочитай слова. Назови сначала буквы, а потом звуки, из которых они состоят. Сколько букв и сколько звуков в каждом слове?

ЯБЛОКО ЮБКА ЕЛЬ

БАЯН ЗМЕЯ ПОЕЗД

ПЕРЬЯ КОПЬЁ ПОДЪЕЗД

Малыш должен уметь определять количество букв и звуков в словах. Хорошо, если ребёнок знает, что буквы **я, е, ё, ю** обозначают два звука [й'а], [й'э], [й'о], [й'у], если стоят в начале слова (яхта), после **ь** и **ъ** (вьюга) и после гласной (лилия). Буква **и** тоже обозначает два звука [й'ы], но только после **ь** (воробьи).

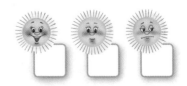

Из двух предложенных схем выбери правильную.

ЮНГА

ЦИРК

МАЯК

ЛЕШИЙ

ЧАЙНИК

РУЖЬЁ

Ребёнок должен владеть навыками звукового анализа слова и уметь составлять подобные схемы. Гласные звуки на них обозначаются красным цветом, согласные твёрдые – синим, а согласные мягкие – зелёным цветом. Малыш должен знать, что буквы **ь** и **ъ** не дают никакого звука; помнить о непарных [ж], [ш], [ц] (они всегда твёрдые) и [ч'], [щ'], [й'] (которые всегда мягкие).

Подбери к каждому слову подходящую схему.
Покажи на ней ударение.

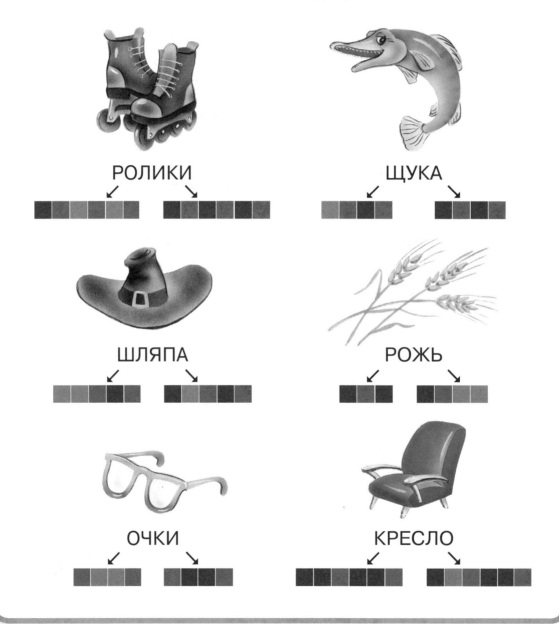

РОЛИКИ

ЩУКА

ШЛЯПА

РОЖЬ

ОЧКИ

КРЕСЛО

Ребёнок должен владеть навыками звукового анализа слова и знать, что ударным в слове может быть только гласный звук.

Произнеси названия картинок. Раздели слова на слоги. Сколько слогов в каждом слове? Соедини рисунки с соответствующей цифрой. Покажи предметы, в названиях которых одинаковое количество слогов.

Малыш должен уметь делить слова на слоги. Количество слогов в слове определяется по количеству в нём гласных звуков. Сколько гласных в слове, столько и слогов. Бывают случаи, когда слог состоит всего лишь из одного гласного звука (например: **я**-ма).

Назови картинки. На какой слог падает ударение в каждом слове? Подбери подходящие схемы. Придумай другие слова к этим схемам.

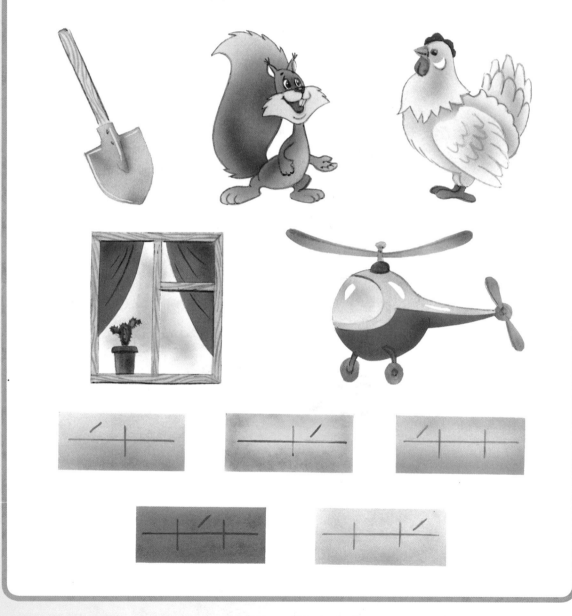

Ребёнок должен уметь определять ударный слог в слове, подбирать к нему подходящую схему в зависимости от количества слогов и расположения ударного слога. Нужно помнить о том, что если в слове есть слог с буквой **ё**, то он будет всегда ударным.

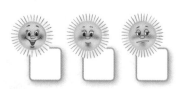

Собери слова из двух слогов.
Подбери к ним картинки.

ЗА

КА

ШАП

СА

ЛИ

НЯ

КНИ

ГА

ЯЦ

ДЫ

СКАЗКИ

Малыш должен уметь составлять слова из двух и более слогов. Хорошо, если ребёнок самостоятельно подберёт нужную картинку.

Прочитай предложения и сосчитай, сколько в них слов. Найди подходящие схемы. Сможешь ли ты придумать другие предложения к этим схемам?

Зима.

Выпал снег.

Дети лепят снеговика.

Весело малышам гулять зимой!

Ребёнок должен уметь определять количество слов в предложении, а также подбирать к нему схему.

Прочитай рассказ. Попробуй его пересказать.

Л. Толстой

* * *

Старик сажал яблони. Ему сказали: «Зачем тебе эти яблони? Долго ждать с этих яблонь плода, и ты не съешь с них яблочка». Старик сказал: «Я не съем – другие съедят, мне спасибо скажут».

Малыш должен понимать смысл прочитанного и уметь подробно пересказывать небольшие тексты.

Расставь предложения в правильной последовательности. С помощью цифр укажи в пустых кружочках их порядковые номера. Придумай название к тексту.

ШАРИК ГРОМКО ЗАЛАЯЛ. ◯

ЭТО БЫЛ ЁЖ. ◯

ТАМ ОН СОБИРАЛ ШИШКИ. ◯

ОДНАЖДЫ КОЛЯ ПОШЁЛ В ПАРК. ◯

ВДРУГ ПОД КУСТОМ КТО-ТО ЗАШУРШАЛ. ◯

Ребёнок должен уметь связывать по смыслу предложения и составлять из них рассказ.

Выложи из счётных палочек такие же рисунки.

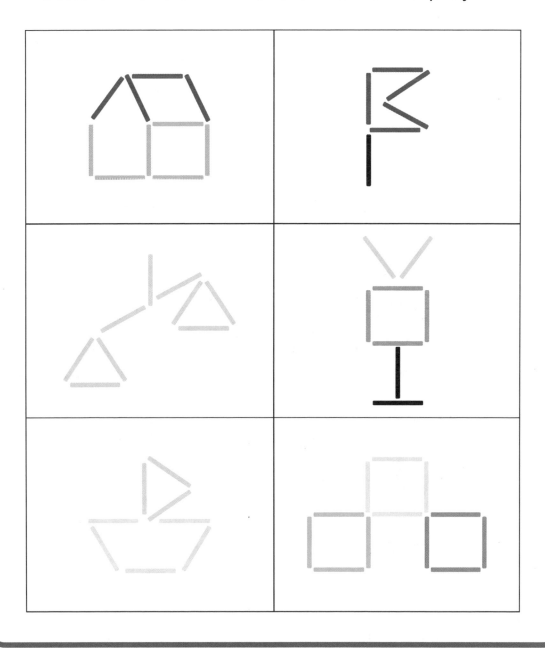

Малыш должен уметь складывать из счётных палочек простые фигурки.

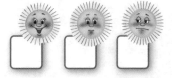

Нарисуй узоры по точкам.

Ребёнок должен уметь обводить узоры по точкам.

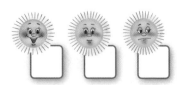

Продолжи рисовать узоры.

Малыш должен уметь копировать несложные узоры.

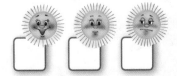

Обведи рисунки точно по линиям, не отрывая карандаш от бумаги.

Ребёнок должен уметь обводить рисунок точно по линиям, не отрывая карандаш от бумаги.

Дорисуй узоры по клеточкам.

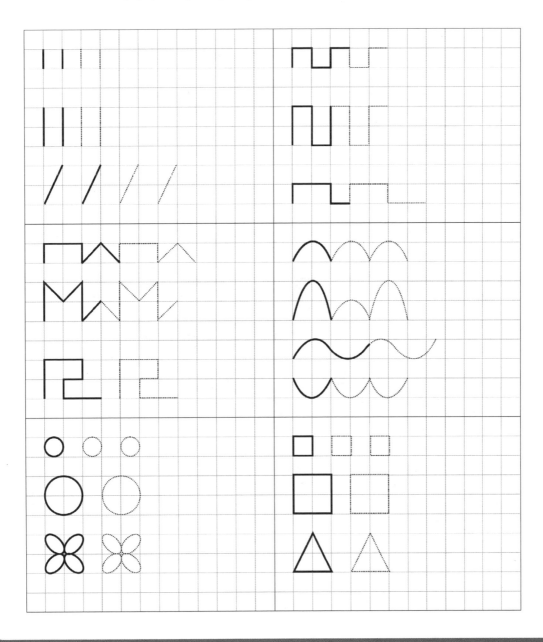

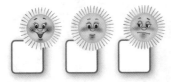

Малыш должен уметь самостоятельно рисовать несложные узоры по клеточкам, ориентируясь на образец.

Дорисуй узоры по линиям.

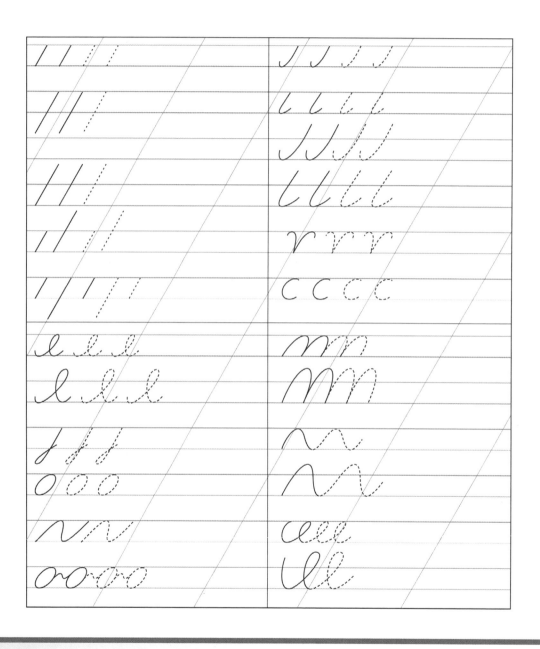

Ребёнок должен уметь самостоятельно рисовать несложные узоры по линиям, ориентируясь на образец.

Выполни штриховку фигур.

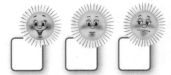

Малыш должен уметь заштриховывать фигуры ровными линиями, не выходя за контуры рисунка.

Нарисуй по точкам такие же фигурки.

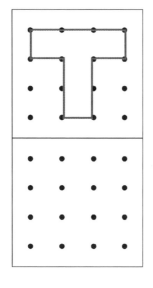
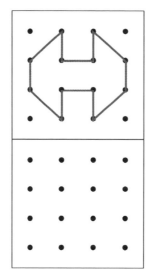
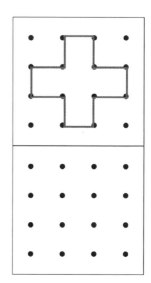
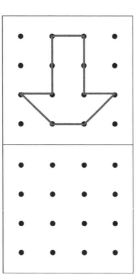
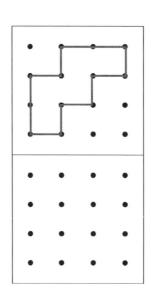
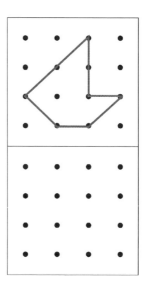

Ребёнок должен уметь копировать по точкам простые рисунки.

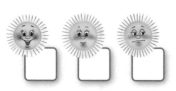

Повтори рисунок в свободных клеточках.

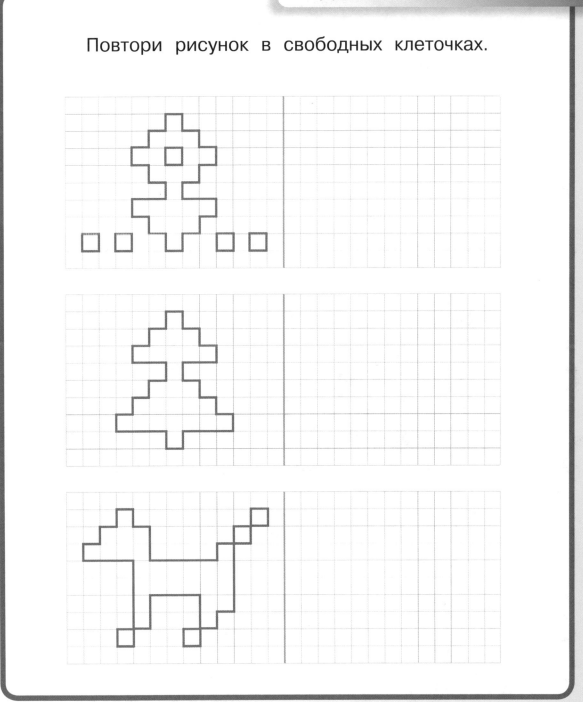

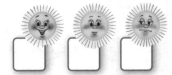

Хорошо, если малыш самостоятельно выполнит это задание.

Обведи фигурки по контуру, а затем нарисуй их самостоятельно.

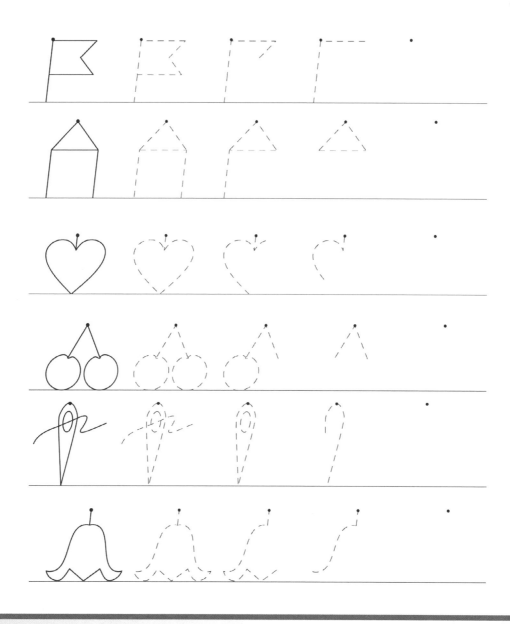

Ребёнок должен уметь обводить и самостоятельно рисовать несложные фигурки.

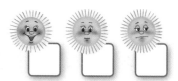

Скопируй рисунки.

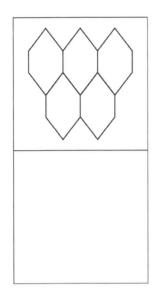
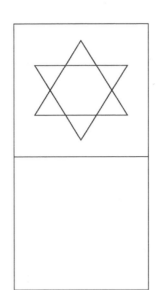
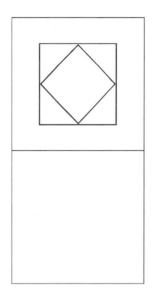

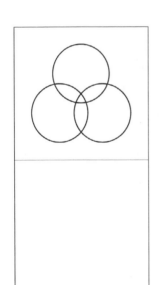
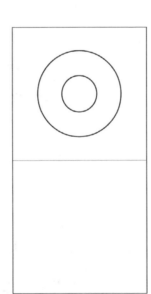
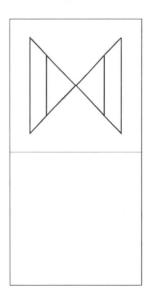

Малыш должен уметь копировать простые рисунки.

Дорисуй вторые половинки предметов.

Хорошо, если ребёнок сможет самостоятельно выполнить это задание.

Слепи из пластилина различные предметы, используя при этом маленькие комочки.

Малыш должен уметь скатывать мелкие шарики из пластилина и лепить фигурки по образцу.

Вырежи фигурки из бумаги, сложенной «гармошкой».

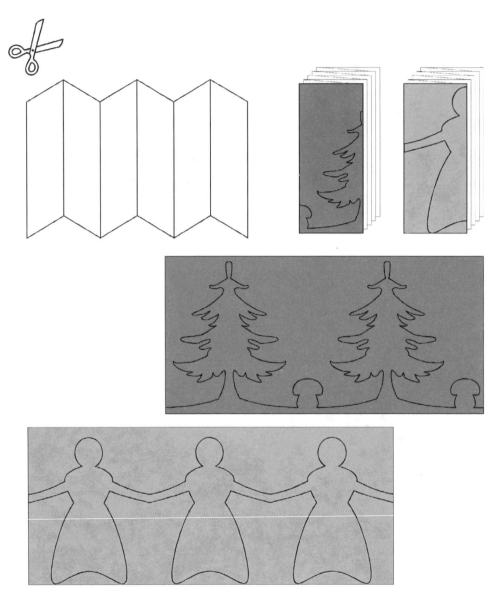

Ребёнок должен уметь вырезать симметричные фигурки из бумаги, сложенной «гармошкой».

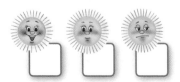

Расскажи, какие праздники ты знаешь. Чем интересен каждый из них?

Малыш должен кратко рассказать о каждом празднике.

Внимательно рассмотри рисунки на страничке. Какие времена года изобразил художник? Что ты можешь о них рассказать?

Ребёнок должен узнавать на картинках времена года, уметь рассказать о приметах каждого из них.

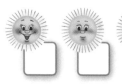

Знакомы ли тебе эти явления природы? Назови их. Попробуй самостоятельно нарисовать подобные картинки и изобразить на них капель, вьюгу, листопад и северное сияние. Какое время года будет на твоих картинках?

Малыш должен знать названия всех изображённых явлений природы (дождь, снег, град, ветер, молния, радуга). Хорошо, если ребёнок самостоятельно сможет нарисовать подобные картинки.

Найди и назови на страничке домашних, перелётных и зимующих птиц.

Ребёнок должен знать и называть всех домашних, несколько зимующих и перелётных птиц. На картинке нарисованы: дятел, воробей, утка, сова, клёст, снегирь, ворона и гусь.

Назови грибы. Какие из них несъедобные?

Малыш должен уметь различать съедобные и несъедобные грибы. На страничке нарисованы: белый гриб, мухомор, лисичка, подберёзовик, подосиновик и бледная поганка.

Найди и покажи хвойные и лиственные деревья.
Подбери к каждому свой листочек.

Ребёнок должен уметь различать хвойные и лиственные деревья; знать, что у хвойных деревьев видоизменённые листья-хвоинки, а у лиственных деревьев – листочки. Хорошо, если малыш сможет найти каждому дереву свой листик.

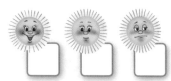

Назови все ягоды.

Малыш должен знать названия большинства ягод.

Найди и покажи цветы, которые растут в саду, в поле, на лугу и в лесу.

Ребёнок должен уметь различать садовые (роза, тюльпан), полевые (пастушья сумка, василёк), луговые (клевер, колокольчик) и лесные (фиалка, ландыш, подснежник) цветы; знать их названия и уметь объяснять, чем они отличаются.

Раздели предметы на три группы.
Объясни свой выбор.

Малыш должен разделить все нарисованные предметы на три группы: музыкальные инструменты, спортивные и школьные принадлежности.

Какое время показывают каждые часы?
Что больше: минута или час, день или неделя,
месяц или год?

Хорошо, если ребёнок умеет определять время по часам. Малыш должен знать, что час больше минуты, неделя длиннее дня, а в году двенадцать месяцев.

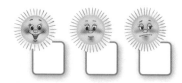

- Назови своё имя и фамилию, имя и отчество родителей.

- Сколько тебе лет? Когда ты родился?

- Назови свой домашний адрес.

- Мама твоей мамы – это кто? А папа твоего папы?

- Как называется планета, на которой мы живём? Как называется спутник Земли? Кто первый полетел в космос?

- Какие ты знаешь реки?

- Из чего «сделан» снег?

- Чем домашние животные отличаются от диких?

- Из шерсти какого животного вяжут варежки и ткут ковры?

- Из какого растения получают подсолнечное масло?

- Каких ты знаешь хищных и травоядных животных?

- Назови транспорт, который передвигается по рельсам.

- Дай название этим профессиям: кто лечит людей? Кто строит дома? Кто играет в театре? Кто водит автомобиль? Кто стоит за прилавком? Кто пишет картины? Кто пишет стихи?

- Каких ты знаешь писателей? Каких ты знаешь художников?

- Кем работают твои родители? Кем ты хочешь стать? (Какая профессия тебе больше нравится?)

УДК 372.3/4
ББК 74.102
З-555

Издание развивающего обучения
Для дошкольного возраста
Серия «УМНЫЕ КНИЖКИ»

Земцова Ольга Николаевна

ТЕСТЫ ДЛЯ ДЕТЕЙ 5—6 ЛЕТ

Художники *И. Дорошенко, Д. Лемко, Ю. Якунин*

Ответственный редактор *О. Фесенко*
Редактор *О. Самусенко*
Художественный редактор *М. Панкова*
Технический редактор *Т. Фатюхина*
Корректор *Е. Туманова*
Компьютерная верстка *М. Столбова*

ООО «Издательская Группа «Азбука-Аттикус» –
обладатель товарного знака Machaon
115093, Москва, ул. Павловская, д. 7, эт. 2, пом. III, ком. № 1
Тел. (495) 933-76-01, факс (495) 933-76-19
E-mail: sales@atticus-group.ru

Филиал ООО «Издательская Группа «Азбука-Аттикус» в г. Санкт-Петербурге
191123, Санкт-Петербург, Воскресенская набережная, д. 12, лит. А
Тел. (812) 327-04-55
E-mail: trade@azbooka.spb.ru

ЧП «Издательство «Махаон-Украина»
Тел./факс (044) 490-99-01
e-mail: sale@machaon.kiev.ua

www.azbooka.ru; www.atticus-group.ru

Подписано в печать 15.06.2018. Бумага офсетная.
Формат 84x108 $^1/_{16}$. Гарнитура «Pragmatica». Печать офсетная.
Усл. печ. л. 11,76. Доп. тираж 20 000 экз. U-UK-15561-08-R. Заказ № 4798/18.
Дата изготовления 25.06.2018.
Срок службы (годности): не ограничен.
Условия хранения: в сухом помещении.

Отпечатано в России.
Отпечатано в соответствии с предоставленными материалами
в ООО «ИПК Парето-Принт». 170546, Тверская область,
Промышленная зона Боровлево-1, комплекс № 3А
www.pareto-print.ru

Земцова О. Н.
З-555   Тесты для детей 5–6 лет. – М. : Махаон, Азбука-Аттикус, 2018. – 112 с. : ил. – (Умные книжки).

ISBN 978-5-389-07558-0

Эта книга поможет взрослым проконтролировать, соответствует ли норме уровень развития психических процессов ребёнка 5–6 лет (память, внимание, мышление, воображение), проверить его потенциальные возможности в разных областях знаний (математика, развитие речи, знакомство с окружающим миром), выявить, в каких из них он преуспевает, а какие требуют дополнительного внимания. Предложенные задания подскажут, как подготовить малыша к следующему этапу обучения.

С тестами легко и удобно работать, и для маленького ученика занятия превратятся в весёлую и увлекательную игру.

УДК 372.3/4
ББК 74.102

Знак информационной продукции (Федеральный закон № 436-ФЗ от 29.12.2010 г.)   **0+**

Товар соответствует требованиям ТР ТС 007/2011 «О безопасности продукции,
предназначенной для детей и подростков».